Bibliografische Information der Deutschen Nationalbibliothek:

Die Deutsche Bibliothek verzeichnet diese Publikation in der Deutschen National-bibliografie; detaillierte bibliografische Daten sind im Internet über http://dnb.d-nb.de/ abrufbar.

Impressum:

Copyright © 2017 GRIN Verlag
Druck und Bindung: Books on Demand GmbH, Norderstedt Germany
ISBN: 9783668735996

Dieses Buch bei GRIN:

https://www.grin.com/document/430766

Dilara Diegelmann

Vom Segen der Sterblichkeit. Simone de Beauvoirs Roman "Alle Menschen sind sterblich"

GRIN Verlag

GRIN - Your knowledge has value

Der GRIN Verlag publiziert seit 1998 wissenschaftliche Arbeiten von Studenten, Hochschullehrern und anderen Akademikern als eBook und gedrucktes Buch. Die Verlagswebsite www.grin.com ist die ideale Plattform zur Veröffentlichung von Hausarbeiten, Abschlussarbeiten, wissenschaftlichen Aufsätzen, Dissertationen und Fachbüchern.

Friedrich-Alexander-Universität Erlangen-Nürnberg
Vorgelegt von:
Dilara Diegelmann

Vom Segen der Sterblichkeit.
Simone de Beauvoirs Roman *Alle Menschen sind sterblich*

Seminararbeit angefertigt für das philosophische Mittelseminar
„Sterben, Tod und Suizid in der Philosophie der Antike"

Inhaltsverzeichnis

1 Einleitung

Für die Menschlichkeit, für die Freiheit, den Fortschritt, das Glück gestorben; gestorben für Carmona, für das Reich, gestorben für eine Zukunft, die nicht die ihre war, gestorben, weil schließlich der Tod immer das Ende ist, gestorben, ja, für nichts.[1]

Immer wieder zeigt Simone de Beauvoir durch die Gedanken des Protagonisten ihres Romans ‚Alle Menschen sind sterblich' die Nichtigkeit der Welt und des Lebens auf. Der Tod richtet unsere Bemühungen zugrunde. Eine Reise durch die Geschichte legt dar, dass letztendlich niemals Fortschritt erreicht wurde oder werden kann, da immer wieder neue Übel entstehen. Gleichzeitig erklärt eine weitere Romanfigur: „In meinen Augen ist es eine große Sache, ein Mensch zu sein. [...] Das genügt. Das ist wert, daß man lebt; und sogar daß man stirbt."[2] Die Autorin verdeutlicht wiederholt, dass es das Menschengeschick sei, für eine Sache zu kämpfen. Die genannten Zitate mögen daher auf den ersten Blick widersprüchlich erscheinen. Wie kommt Beauvoir dazu? Gegenstand dieser Arbeit ist eine detaillierte Analyse des Romans ‚Alle Menschen sind sterblich' aus philosophischer Perspektive und vor dem Hintergrund der Philosophie de Beauvoirs.

‚Alle Menschen sind sterblich' setzt sich unter anderem mit der Frage über die ‚conditio humana' – der Frage danach was den Menschen ausmacht – auseinander[3]. Hierbei handelt es sich um eine Kernfrage der Philosophie. „Philosophy is the project of considering what it means to be human and of asking what it means to experience and create a human reality."[4] Grundlegend dafür ist die Auseinandersetzung mit dem Tod, mit der jeder Mensch früher oder später konfrontiert wird. Daher beeinflusst sie unsere Möglichkeit zur und unser Streben nach Selbstbestimmung und –verwirklichung maßgeblich.

Die Kernaussagen Beauvoirs in dem besagten Roman bestehen darin, dass Sinngebung nur im Moment möglich ist und dass die Freiheit, das eigene Leben riskieren zu können, eine Bedingung für Menschlichkeit ist. Voraussetzung dafür wiederum ist die Sterblichkeit. Daher ist es ein Segen sterblich zu sein. Die Intention der folgenden Überlegungen ist es diese These zu verdeutlichen.

Zunächst werden die Grundzüge des Existenzialismus Simone de Beauvoirs eingeführt, um das nötige Hintergrundwissen bereitzustellen. Danach werden Aufbau und Inhalt des Romans knapp wiedergegeben, sodass auch ein Leser ohne Vorkenntnisse der anschließenden Analyse folgen kann. In diesem Teil wird auf Leitmotive, das methodische Vorgehen, die Hauptcharaktere des Romans sowie die Grundaussagen eingegangen. Die Arbeit schließt mit einem zusammenfassenden Fazit.

2 Philosophie Beauvoirs mit Bezug auf „Alle Menschen sind sterblich"

2.1 Existenzialismus Simone de Beauvoirs

Der Eindeutigkeit halber sollen zunächst für die Existenzphilosophie grundlegende Begriffe erklärt werden. „Die Frage nach dem S. [Sinn; Einfügung: D.D.] eines Geschehens zielt zumeist auf die Angabe eines Zweckes, des Worumwillen als Ziel einer Handlung"[5], das heißt

---

[1] Beauvoir (1946), 264.
[2] Ebd., 284; Auslassung: D.D..
[3] Vgl. Danzer u. Rattner (2008), 159 f..
[4] Andrew (2003), 37 f..
[5] Sinn. In: Prechtl, Burkard (2008), 558; Einfügung: D.D..

2

die Frage nach dem ‚Warum?'. „Dabei lässt jede Antwort wiederum eine erneute Sinnfrage zu, was schließlich in der übergreifenden Frage nach dem ‚S. des Lebens', dem ‚S. des Ganzen' seinen Abschluss findet."[6] In der Existenzphilosophie wird die Auffassung vertreten, dass „der Mensch selbst den S. seines Seins setzt."[7] „Um seiner eigenen Identität willen, muss der Mensch [...] an seinem Sinnstreben festhalten. Indem er auf einen jenseitigen S. verzichtet, macht er das Leben zu einer menschlichen Angelegenheit, die unter Menschen geregelt werden muss und der Solidarität [...] verpflichtet ist."[8] Grundlegend für die Sinngebung ist laut Beauvoir die Freiheit. „F. bedeutet in negativer Bestimmung das Freisein von äußeren Zwängen bzw. das freie, von äußeren Hindernissen ungehinderte Sich-bewegen-Können; in einer positiven Bestimmung impliziert es die Möglichkeit der Selbstbestimmung, der freien Entscheidung und der Wahl."[9] Diese Autonomie wiederum ist Bedingung für den Existenzbegriff in der Existenzphilosophie. Beauvoir vertritt die Meinung, dass sich nicht objektivierend aussagen lässt, was der Mensch in seiner Existenz ist. Der Mensch wird als ein offenes Wesen verstanden, „der sich aus seinem Lebensvollzug heraus verstehen muss und erst im konkreten Verhalten zu sich selbst zu dem bestimmt, was er ist"[10]. Der Begriff dient „zur Charakterisierung der spezifisch menschlichen Seinsweise"[11], mit anderen Worten der Frage danach, was den Menschen ausmacht. Die conditio humana ist gemäß Simone de Beauvoir durch ‚Ambiguität' bestimmt. ‚Ambiguität' heißt ‚Zweideutigkeit' bzw. wie Beauvoir es übersetzt ‚Doppelsinnigkeit'. Im existenzialistischen Kontext verweist ‚Ambiguität' auf eine „ontologische ‚Doppelnatur' oder ‚konstitutionelle Zweideutigkeit'"[12].

Simone de Beauvoirs Philosophie ist atheistisch. Seit ihrem 14. Lebensjahr glaubte sie nicht an Gott und nicht an ein Weiterleben der Seele nach dem Tode[13]. Zentraler Aspekt ihres philosophischen Systems ist die Auseinandersetzung mit der Sterblichkeit[14], ein Merkmal, das sich durch den Existenzialismus zieht[15]. Wie bereits in den einleitenden Zitaten angedeutet, mag Existenzphilosophie auf den ersten Blick nihilistisch[16] erscheinen[17]. Wie viele Existenzialisten wurde auch Simone de Beauvoir stark von nihilistischen Denkern, unter anderem Nietzsche, beeinflusst[18]. Dennoch ist es nicht ihre Absicht zu pointieren, dass das Leben *auf keinen Fall* einen Sinn habe. Sie behauptet lediglich, dass das Leben und die menschliche Existenz keinen *vorbestimmten* Sinn haben, der für jeden Menschen zu jeder Zeit gelten solle. Sie lehnt alle Systeme, die den Menschen Bedeutung vorgeben, wie Religion oder gesellschaftliche Konventionen, ab[19]. Im Alter von ungefähr 18 Jahren stellte Simone de Beauvoir fest: „Nichts stellt einen Anspruch an mich oder an irgend jemanden sonst"[20]. Diesen Anspruch muss man selbst an sich stellen. Jeder Mensch muss eigenständig eine Bedeutung für sein Leben finden oder herstellen und ihm dadurch Wert verleihen[21]. Es gilt

---

[6] Ebd., 558.
[7] Ebd., 558.
[8] Ebd., 558, Auslassungen: D.D..
[9] Freiheit. In: ebd., 187.
[10] Existenz. In: ebd., 173.
[11] Ebd., 173.
[12] Ambiguität. In: ebd., 20.
[13] Vgl. Beauvoir (1958), 130 ff.; Danzer u. Rattner (2008), 158.
[14] Vgl. Schott (2003), 229 ff..
[15] Vgl. Andrew (2003), 25.
[16] Nihilismus bezeichnet die Auffassung, dass alles sinnlos und nichts von Bedeutung ist (vgl. ebd., 26; Nihilismus. In: Prechtl u. Burkard (2008), 359).
[17] Vgl. Andrew (2003), 26.
[18] Vgl. ebd., 25; Beauvoir (1958), 221, 225; Nihilismus. In: Prechtl u. Burkard (2008), 359.
[19] Vgl. Andrew (2003), 28; Bergoffen (2009), 116.
[20] Beauvoir (1958), 219.
[21] Vgl. Andrew (2003), 26.

sich in der Welt Projekte zu schaffen und zu engagieren[22]. Die Freiheit, eigene Entscheidungen treffen zu können und zu müssen, gibt den Menschen Verantwortung für ihr Leben. Diese Verantwortung kann eine Belastung darstellen, da wir bei der Aufgabe, unserem Leben eine Bedeutung und dadurch Wert zu geben, auch versagen können[23]. Nicht jedes Leben hat zwangsläufig Sinn und Wert[24]. In einigen Situationen müssen Menschen Entscheidungen treffen, obwohl sie nicht wissen was richtig ist. Diese Verantwortung mag verängstigend wirken.[25] Das einzige dauerhaft zu erstrebende Ziel, das Beauvoir festmacht, ist Freiheit[26]. Denn alle Werte ergeben sich nur aus der Freiheit[27]. Es gilt niemanden zu bevormunden, zu unterdrücken, dem eigenen Willen unterzuordnen, indem man ihm die Freiheit nimmt, sich gegebenenfalls auch ‚falsch' entscheiden zu können. Man kann nicht wissen, was das Beste für andere ist, da man sonst deren Individualität vernachlässigt[28]. Man darf nicht versuchen die Zukunft vorherzubestimmen, wenn man dadurch die Freiheit der in ihr Lebenden einschränkt.[29] Zudem ist die Freiheit unserer Mitmenschen notwendig für die eigene Sinngebung, da wir darauf angewiesen sind, dass die Bedeutung unserer Projekte von anderen wahrgenommen wird[30]. Nur dadurch kann der Mensch zum Subjekt werden[31]. In ‚The Ethics of Ambiguity', zu deutsch ‚Für eine Moral der Doppelsinnigkeit', schließt Beauvoir: „[N]o existence can be validly fulfilled if it is limited to itself."[32] Ihre Philosophie argumentiert für eine Ambiguität der conditio humana: Der Mensch ist zwar allein[33], aber dennoch auf Kontakt zu anderen angewiesen[34]. Er ist sowohl Körper als auch Geist[35], gleichzeitig Subjekt und Objekt[36], gleichzeitig frei und abhängig[37]. Leben ist weder gut noch böse, sondern beides[38]. Der Tod ist zwar ein Übel, aber dennoch ein Segen[39].

Diese Ansichten festigten sich bereits in der frühen Lebensphase der Autorin. Simone de Beauvoir gab nach ihrem Studium an der Sorbonne zunächst von 1929 bis 1943 als Privatlehrerin und an staatlichen Gymnasien – wohlgemerkt keinen kirchlichen – Philosophie-

---

[22] Barbara S. Andrew fasst Beauvoirs Auffassung wie folgt zusammen: „There is always something to comment on, to fix, to strive for – in short, always something or someone to engage with." (Andrew (2003), 43).
[23] Vgl. ebd., 26.
[24] Im ersten Teil ihrer Autobiographie prangert Simone de Beauvoir die Bourgeoisie in Frankreich zu Beginn bis Mitte des 20. Jahrhunderts an. „Die Leute fanden sich damit ab, nutzlos zu existieren" (Beauvoir (1958), 218 f.). Vor allem die Frauen dieser Gesellschaft hatten keine Ziele, sondern „begnügten sich damit nur irgendwie beschäftigt zu sein" (ebd., 219).
[25] Vgl. Andrew (2003), 25 ff..
[26] Vgl. Bergoffen (2009), 119.
[27] Vgl. Andrew (2003), 35.
[28] Vgl. Bergoffen (2009), 120.
[29] Vgl. ebd., 118 ff..
[30] Vgl. Andrew (2003), 33, 35 f., 41; Interessant ist in diesem Kontext ein Artikel von Michael Quante über Persönlichkeit und Identität, erschienen in Poiesis Prax, in welchem er mit Beauvoirs These übereinstimmt. Um ‚eine Person zu sein', muss man laut Quante andere als Personen anerkennen und von anderen als Person anerkannt werden. Folglich können nur Entitäten, die Mitglied eines sozialen Gefüges sind, Personen sein (vgl. Quante (2005), 157).
[31] Vgl. Andrew (2003), 36.
[32] Beauvoir (1947), 67. Zitiert nach Bergoffen (2009), 116, Anpassung: D.D..
[33] Vgl. Sirridge (2003), 133.
[34] Vgl. Bergoffen (2009), 116; Andrew (2003), 27, 43.
[35] Vgl. Schott (2003), 229.
[36] Vgl. Andrew (2003), 41.
[37] Beauvoir widerspricht der Auffassung Sartres, dass jeder Mensch gleichermaßen radikal frei sei (vgl. Andrew (2003), 32 f., 40). Zwar entscheiden Individuen stets eigenständig, jedoch innerhalb des jeweiligen sozialen Kontextes (vgl. ebd., 35).
[38] Vgl. Schott (2003), 228, 244.
[39] Vgl. ebd., 231.

Unterricht[40]. Ab 1943 war sie als Schriftstellerin tätig. In demselben Jahr erschien ihr erster Roman ‚Sie kam und blieb', der, wie die meisten Werke Beauvoirs, autobiographische Züge aufweist. 1944 veröffentlichte sie das Essay ‚Pyrrhus und Cinéas', welches sich mit der Phänomenologie Husserls beschäftigt. 1945 brachte sie den Roman ‚Das Blut der anderen' heraus, der politisch motiviert war. Seit diesem Jahr schrieb sie zusätzlich Artikel in der Zeitschrift ‚Les Temps Modernes' über Existenzialismus, Politik und soziales Engagement.[41] 1946 wurde ‚Alle Menschen sind sterblich' publiziert. In den drei darauf folgenden Jahren erschienen die Essays ‚Für eine Moral der Doppelsinnigkeit', ‚Moralischer Idealismus und politischer Realismus' und ‚Der Existenzialismus und die Volksweisheit'[42]. 1948 berichtete sie in ‚Amerika – Tag und Nacht' über eine Reise durch die USA[43]. Sie kritisierte die dortige Konsumgesellschaft. 1949 erregte Beauvoir mit ‚Das andere Geschlecht', welches als „Grundbuch für den modernen Feminismus"[44] gilt, Aufsehen. Seitdem agierte sie als „Anwältin für Unterdrückte und Benachteiligte"[45]. Für den 1954 veröffentlichten Roman ‚Die Mandarins von Paris' über französische Linksintellektuelle erhielt Beauvoir den Prix Goncourt, „den renommiertesten Literaturpreis Frankreichs"[46]. Ab 1958 erschienen fünf autobiographische Bände[47], 1964 das Manuskript ‚Ein sanfter Tod', welches den Sterbeprozess ihrer Mutter thematisiert[48]. 1970 befasste sich Beauvoir in ihrem Buch ‚Das Alter' „mit sozialem und humanitärem Anspruch"[49] mit dem Altersprozess. Der letzte Teil ihrer Autobiographie ‚Die Zeremonie des Abschieds' erschien 1970 und beschäftigt sich größtenteils mit dem Tod Sartres[50]. Anlass für Simone de Beauvoirs Schriften war immer die eigene Betroffenheit[51]. Daher lassen sich in ihren Werken Parallelen zu ihrem eigenen Leben finden. Dass sie in ihren Romanen unter anderem eigene Erfahrungen verarbeitet[52], zeigt sich auch in ‚Alle Menschen sind sterblich'. An ihrer Bibliographie sieht man zudem, dass die Themen ‚Altern'[53] und ‚Sterben' nicht nur in dem hier behandelten Roman eine zentrale Rolle spielen. Für eine ‚Moral der Doppelsinnigkeit' argumentiert Beauvoir sowohl in dem gleichnamigen Werk als auch in ‚Die Mandarins von   Paris'[54], ‚Alle Menschen sind sterblich'[55] sowie anderen Schriften. In ihren Schriften fordert sie politisches und soziales Engagement gegen Unterdrückung jeglicher Art (ob nun von Frauen oder anderen gesellschaftlichen Gruppen)[56]. Ihre Forderung nach einer ‚Politik der Freiheit' wird auch in ‚Alle Menschen sind sterblich' deutlich[57]. Obwohl

---

[40] Vgl. Danzer u. Rattner (2008), 159.

[41] Vgl. ebd., 161.

[42] Vgl. ebd., 159.

[43] Vgl. ebd., 161.

[44] Ebd., 162.

[45] Ebd., 162.

[46] Ebd., 162.

[47] Vgl. ebd., 164.

[48] Vgl. ebd, 163 f..

[49] Ebd., 163.

[50] Vgl. ebd., 164.

[51] Vgl. ebd., 117.

[52] Vgl. Sirridge (2003), 131.

[53] Rattners Kommentar zu ‚Das Alter' zeigt die Verbindung zum Sterbeprozess und zur conditio humana, wie sie auch in ‚Alle Menschen sind sterblich' aufgegriffen wird: „Als Philosophin ist sich Beauvoir bewusst, dass das Altern eine ontologische oder metaphysische Erfahrung ist. In ihm wird uns die Seinsverfassung des menschlichen Daseins transparent. Wer nicht dumpf den Altersprozess über sich ergehen lässt, erkennt früher oder später, dass es im Menschenleben Endlichkeit, Einsamkeit und Endgültigkeit gibt. Alter und Krankheit sind Konfrontationen mit dem Sterben-Müssen. Das macht ihre Härte und Tragik aus." (Danzer u. Rattner (2008), 180).

[54] Vgl. Sirridge (2003), 133 f..

[55] Vgl. Andrew (2003), 36.

[56] Ab 1941 engagierte sie sich auch selbst politisch gegen totalitäre Regime (vgl. Danzer u. Rattner (2008), 160).

[57] Vgl. Bergoffen (2009), 116, 119 f..

es sich bei vielen Werken Beauvoirs um fiktive Romane handelt, ist ihr „Gehalt an philoso-phischen Überlegungen [...] gewichtig"[58]. Zusammenfassend lässt sich sagen, dass ‚Alle Menschen sind sterblich' zu einem der frühen Werke Beauvoirs gehört. Die behandelten Themen ziehen sich jedoch durch ihr gesamtes Schaffen.

‚Authentische Literatur' dient laut Beauvoir nicht bloß der Information. Das Besondere an ihr ist die Identifikation des Lesers mit den Protagonisten. Auf diesem Wege übernimmt der Leser den Standpunkt des Autors als wäre dessen Welt real. Gleichzeitig ist er sich dessen bewusst, dass er nicht derselbe ist. Durch die Vorstellung teilen Leser und Autor die im Ro-man vorkommenden Situationen. Beauvoir wählte gezielt den Roman als literarische Gat-tung, um den Leser dazu aufzufordern, seine Freiheit über die Handlungen und Charaktere zu urteilen, die Geschehnisse im Roman zu interpretieren und darauf im eigenen Leben zu reagieren, auszuüben. Die Romane Beauvoirs enthalten einerseits Hinweise auf historische Ereignisse. Vor allem ‚Alle Menschen sind sterblich', ein Roman, der in der Zeit vom 13. bis Anfang des 20. Jahrhunderts spielt, geht unter anderem auf reale geschichtliche Begeben-heiten (unter anderem im mittelalterlichen Italien[59], am Hofe unter Karl V., im absolutistischen Frankreich und zur Zeit der Französischen Revolution) ein. Andererseits spiegeln sie auch die eigenen Erfahrungen der Autorin wieder. Beauvoir verarbeitet in ihrer Literatur eigene Wünsche, Erkenntnisse und Krisen. Deshalb ist der Schreibstil ihrer Romane emotionaler als der ihrer anderen Werke. Dadurch, dass das Verständnis von Selbst und Welt des Autors an den Leser und somit potentiell an die Nachwelt vermittelt wird, wird er ‚unsterblich'.[60] In ihrer Autobiographie bekundet Beauvoir, dass sie als Jugendliche mit Schrecken entdeckte, dass sie zum Tode verurteilt sei und diese Todesfurcht nie ganz ablegen konnte[61]. Im Alter von 15 Jahren begründete sie ihren Wunsch Schriftstellerin zu werden wie folgt: „Indem ich ein aus meinem eigenen Erleben genährtes Werk verfaßte, würde ich mich selber wiedererschaffen und mein Dasein rechtfertigen."[62] ‚Alle Menschen sind sterblich' ist ein metaphysischer Ro-man. Das heißt es handelt sich um ein „literarisches Werk erzählender Dichtung in Prosa (in dem das Schicksal von Menschen in der Auseinandersetzung mit der Umwelt, der Gesell-schaft geschildert wird)"[63], das sich mit den „ersten Gründen und letzten Zwecken alles Ge-schehens"[64], zum Beispiel der „Perspektive der Endlichkeit und [dem] Postulat der Freiheit"[65], befasst. Diese literarische Form stellt eine existenzialistische Revolte gegen die traditionelle Philosophie dar. Beauvoir wendet sich gegen die systematische Darstellung der Wahrheit (z.B. nach Hegel)[66]. Sie will kein philosophisches System konstruieren, das den Menschen Bedeutung vorgeben und sie dadurch entmündigen könnte[67]. Sie betrachtet die Wahrheit von unserem endlichen Standpunkt aus. Die Totalität des Individuums steht vor der Totalität der Welt. Simone de Beauvoir versucht nicht das Absolute zu erfassen und eine universale Antwort zu geben, sondern baut einzigartige, subjektive, dramatische Aspekte von Erfahrun-gen ein. Die traditionelle Philosophie ist so abstrakt, dass sie das Besondere verliert. Pure Literatur wiederum missachtet die metaphysische Dimension der Schicksale der Charaktere. Beauvoir vertritt die Auffassung, dass sie durch fiktive Geschichten, mit denen man sich identifizieren kann, und gleichzeitig Charaktere, die durch ihre Qualen, Revolte, Machtgier,

---

[58] Danzer u. Rattner (2008), 182, Auslassung: D.D.; vgl. Andrew (2003), 28.
[59] Die Heimat Foscas, Carmona, ist zwar eine fiktive Stadt, jedoch eingebettet in Machtverhältnisse, die an die damaligen tatsächlichen Gegebenheiten angelehnt sind.
[60] Vgl. Sirridge (2003), 130 ff..
[61] Vgl. Beauvoir (1958), 132, 221.
[62] Ebd., 135.
[63] Roman. In: Dudenredaktion (2002), 738.
[64] Metaphysik. In: Prechtl u. Burkard (2008), 373.
[65] Metaphysik. In: Prechtl u. Burkard (2008), 375, Anpassung: D.D..
[66] Vgl. Andrew (2003), 25.
[67] Vgl. Andrew (2003), 32; Danzer u. Rattner (2008), 159.

Todesangst, ihren Wunsch nach dem Absolutem definiert sind, beide Einschränkungen vermeidet.[68]

2.2 Strukturierung und Inhalt des Werkes

‚Alle Menschen sind sterblich' ist wie ein klassisches Drama aufgebaut. Es gliedert sich in Prolog, fünf Teile und Epilog. Der Spannungsverlauf entspricht nicht dem des klassischen Dramas. Foscas Lebensgeschichte weist wiederholt Höhen und Tiefen auf.

Im Prolog wird Regine, eine selbstsüchtige Schauspielerin, vorgestellt. Ihr höchstes Ziel ist es, Ruhm am Theater zu erlangen. In einem Hotel begegnet sie Fosca. Fasziniert von seiner Ausstrahlung versucht sie seine Aufmerksamkeit zu erlangen. Fosca eröffnet ihr, dass er unsterblich ist und sie beginnen eine Affäre. Regine möchte Teil von Foscas Leben werden, um sich in seinen Erinnerungen zu verewigen. Sie versteht Foscas Situation nicht und beginnt an ihrer Vergänglichkeit zu verzweifeln. Fosca verlässt sie. Regine folgt ihm und bittet ihn sich ihr zu erklären, indem er ihr seine Lebensgeschichte erzählt.

Der erste Teil spielt im Mittelalter. Fosca ist Fürst der italienischen Stadt Carmona. Als die Stadt von Feinden bedroht wird, fürchtet Fosca seine Ermordung. Um dieser zu entgehen trinkt er einen Trank, den ihm ein Bettler gibt, durch welchen er unsterblich wird. Nach einigen Jahren verstirbt seine Familie. Fosca führt mehrere Feldzüge, mit dem Ziel Carmona zu Ruhm, wirtschaftlichem Erfolg und Wohlstand zu führen. In ihm regen sich erste Zweifel an dem Sinn seiner Bestrebungen. Als er ein Kind namens Beatrice beim Spielen beobachtet, entsteht in ihm der Wunsch ein eigenes Kind zu haben. 10 Monate später wird sein Sohn Antonio geboren. Er wächst behütet auf und schließt eine enge Freundschaft zu Beatrice. Als junge Erwachsene verliebt sich diese in Antonio, jedoch Antonio nicht in sie. Dieser erfreut sich nicht mehr an dem Prunk, in dem er lebt, sondern möchte selbst Verantwortung für Carmona übernehmen und in den Kampf ziehen. Aus diesem geht er zwar siegreich, aber verwundet hervor und stirbt infolge dessen. Die neue Lage führt Carmona in den nächsten Krieg. Beatrice möchte zu ihrer Mutter zurückkehren, da Foscas Gegenwart ihr unangenehm ist. Fosca zwingt sie stattdessen ihn zu heiraten. Er liebt Beatrice, aber Beatrice fühlt sich gedemütigt durch dessen Unsterblichkeit. Fosca lässt sie frei, doch Beatrice bleibt. Nach mehreren Niederlagen gibt Fosca Carmona auf. Stattdessen möchte er die ganze Welt beherrschen und begibt sich daher in die Dienste Maximilians, dem König des römischen Reiches.

Im zweiten Teil zieht Fosca den Enkelsohn Maximilians, Karl, auf – mit der Absicht mit seiner Hilfe die Welt zu erobern und ein Paradies zu errichten. Er spricht sich unter anderem bei Karl für den Mord an Indianervölkern und die Ausbeutung des Landes in den amerikanischen Kolonien aus. Gemeinsam mit Karl kümmert er sich um politische Unruhen im Zuge der Reformation. Als er nach Carmona zurückkehrt erkennt er, dass er seine Vergangenheit verloren hat und allein ist. Um Karl von ihnen zu berichten nimmt er an Versammlungen der Sekte der Wiedertäufer teil. Trotz ihrer Bemühungen gelingt es den beiden nicht, Europa unter einer Herrschaft zu vereinen, sondern es herrscht Zerstörung. Fosca verspürt den Wunsch nach Amerika zu reisen, da er die Hoffnung hat, dort sein erträumtes paradiesisches Reich errichten zu können. Auf die Bitte Karls jedoch bleibt er in Europa. Es stellt sich heraus, dass der Sohn Karls, Philipp, nicht Kaiser werden kann. 10 Jahre später setzt Fosca schließlich nach Amerika über. In Kuba leben die Menschen in Armut und Hunger. Die Eingeborenen werden unterdrückt oder es werden Massaker an ihnen begangen. Die Lage in Panama und Peru ist ähnlich. Die dort lebenden Spanier vertragen das Klima nicht, die Ureinwohner leben im Elend. Fosca bewundert die Inka-Kultur, ihre Infrastruktur, ihre Städte und Tempelanla-

---

[68] Vgl. Bergoffen (2009), 117.

gen. Sie erinnern ihn an das Reich, das er erschaffen wollte, doch wurden sie durch sein Zutun zerstört. Nachdem er nach Europa zurückkehrt und Karl seine Eindrücke berichtet, sind beide resigniert.

Der dritte Teil beginnt mit einem knappen Bericht darüber, wie Fosca nach seiner Zeit bei Karl um die Welt reist. In Mexiko läuft er vier Jahre allein durch die Steppe. In Nordamerika angekommen trifft er auf einen Mann namens Carlier. Dieser sucht einen Fluss, welcher den Durchgang nach China darstelle, und hat sich verirrt. Fosca besorgt Carlier Essen in einem Indianerdorf und rettet dadurch sein Leben. Daraufhin begleitet ihn Fosca bei seiner weiteren Entdeckungsreise und es entwickelt sich eine Freundschaft zwischen den beiden. Nachdem den Reisenden die Boote gestohlen werden läuft Fosca nach Montreal um neue zu besorgen. Als er zurückkehrt sind bis auf drei alle Kameraden Carliers an einer Krankheit verstorben und Carlier wirkt gealtert. Sie entdecken einen unbekannten Strom, jedoch nicht die Durchfahrt nach China. Das Schiff läuft auf und Fosca und Carlier versuchen zu Fuß den großen Fluss wiederzufinden. Sie finden den Fluss, doch auf dem Rückweg fehlt es ihnen an Nahrung, woraufhin sich Carlier erschießt.

Nach kurzem Hinweis darauf, dass Fosca einige Jahre in einem Indianerdorf lebte, schildert der vierte Teil seinen darauf folgenden Aufenthalt im absolutistischen Paris. Fosca vertreibt sich die Zeit, indem er seinen Leibeigenen Bompard quält und regelmäßig Partys besucht. Er hasst alles und schadet seinen Mitmenschen aus Langeweile. Nach einem Streit auf einer Feier soll er sich mit einem Freund von einer Dame namens Marianne de Sinclair duellieren. Er verschont ihn Marianne zuliebe und zieht sich aus Paris zurück. Eines Tages wird er von Marianne besucht, die um finanzielle Unterstützung bei dem Aufbau einer Universität bittet. Er willigt ein und beginnt zudem für die Universität zu forschen. Bei seiner Arbeit verliebt er sich in Marianne und sie heiraten. Er schickt Bompard nach Russland. Auf Mariannes Wunsch hin bekommen sie zwei Kinder: Henriette und Jacques. Bompard kehrt zurück und erpresst Fosca um Geld, indem er ihm droht Marianne sein Geheimnis zu verraten. Einige Jahre später rächt er sich schließlich doch und klärt sie über Foscas Unsterblichkeit auf. Marianne entfernt sich daraufhin geistig von Fosca und geht körperlich und psychisch zugrunde bis sie stirbt.

Im fünften Teil wacht Fosca über den Urenkel von Marianne und ihm, Armand. Dieser engagiert sich politisch auf Seiten der Republikaner. Armand erfährt Foscas Geheimnis, nachdem dieser einen normalerweise tödlichen Unfall hat und beginnt Nutzen aus seiner Unsterblichkeit zu ziehen. Armand bittet Fosca darum sich unter das Volk zu mischen, damit sie politisch Einfluss auf die Arbeiter nehmen können. Dazu arbeitet Fosca in einer Werkstatt unter schlechten Arbeitsbedingungen. Nach Ausbruch einer Seuche meldet er sich als Krankenpfleger. Auch Spinelli, ein Freund Armands, liegt im Sterben. Fosca kümmert sich um ihn, sodass er überlebt. Armand, Spinelli, Fosca und ein weiterer Freund, Garnier, kämpfen bei einem Aufstand. Garnier verteidigt die Barrikaden bis zum Tode, obwohl er weiß, dass die Verhandlungen gescheitert sind und keine Republik ausgerufen wird. Die Überbliebenen kommen in Haft. Armand und 24 weitere Gefangene planen einen Ausbruch aus dem Gefängnis. Fosca meldet sich freiwillig, den Wärter zurückzuhalten und bleibt somit als einziger 10 weitere Jahre in Haft. Bei seiner Entlassung holt Armand ihn ab und bringt ihn zu Spinelli und einer Freundin, Laure. Spinelli liebt Laure. Laure liebt Armand, aber Armand liebt eine andere Frau, die ihn nicht liebt. Sie engagieren sich für mehr Rechte der Arbeiter. Fosca zieht mit Laure durch französische Städte, in denen sie Reden hält. Laure beginnt Fosca zu lieben, obwohl sie um dessen Unsterblichkeit weiß. Fosca lehnt ihre Liebe ab. Als das Volk auf die Straßen geht und protestiert, haben Armand, Spinelli und Laure ihr Ziel erreicht.

Im Epilog berichtet Fosca Regine wie er danach 60 Jahre im Wald schlief. Als er geweckt wird und davon erzählt, kommt er in eine psychiatrische Anstalt. Nach seiner Entlassung mietet er sich in das Hotel ein, in dem Regine ihn kennenlernte. Da die Erzählung Foscas zu

Ende ist, wissen beide nicht, was sie als nächstes tun sollen. Fosca geht fort. Regine ist erschöpft und verzweifelt. Der Roman endet damit, dass Regine schreit.[69]

2.3 Analyse

Der Titel „Alle Menschen sind sterblich" mag banal klingen. Dahinter steckt jedoch mehr als die bloße Feststellung einer offensichtlichen Tatsache[70]. Der Titel ist die Botschaft des Romans: Die Sterblichkeit macht Menschen erst menschlich. Der Tod ist die Grundvoraussetzung für die menschliche Verfassung und den menschlichen Charakter. Ohne ihn wäre das Verhältnis des Menschen zu sich selbst und zur Welt unausgewogen[71]. In dem Roman zeigt Simone de Beauvoir anhand des Beispiels von Fosca, wie ein Mensch, auf den diese Grundvoraussetzung nicht zutrifft, seine Menschlichkeit verliert und darunter leidet.

Das zentrale Leitmotiv ist der Tod. Bereits bevor Regine von Foscas Unsterblichkeit erfährt, wird mehrmals darauf angespielt[72]. Regine macht sich Gedanken über den Tod. Sie fürchtet ihn aufgrund ihres Geltungsbedürfnisses. Sie fürchtet die Machtlosigkeit und das Vergessenwerden[73], da sie selbst wertvoll und von Bedeutung sein möchte. Verzweifelt wünscht sie, auf ewig Spuren in der Welt zu hinterlassen und Ruhm zu erlangen.[74] Ein weiteres Leitmotiv ist das Schauspiel. Fosca betrachtet das Leben der einzelnen Menschen als ein Schauspiel, gesellschaftliche Konventionen als lächerliche „Verkleidung"[75]. Daraus, dass nichts was sie erreichen von Dauer ist schließt er, dass nichts Wert hat[76]. Nichts ist wichtig[77], alles bedeutungslos[78] und nutzlos[79]. Sein eigenes Leben innerhalb dieser Welt, die er nicht wertschätzen kann, ist eine „Komödie"[80]. Gleichzeitig ist Regine Schauspielerin von Beruf und hat vor der Begegnung mit Fosca zum Ziel, ihre eigene Endlichkeit durch die Schauspielerei zu überlisten. Durch Ruhm am Theater will sie sich verewigen. Dass diese Hoffnung ein Irrtum ist und jeder Ruhm früher oder später vergeht, dass jeder Mensch früher oder später in Vergessenheit gerät und aufhört zu existieren, wird ihr durch die Begegnung mit Fosca[81] vor Augen geführt. Sie übernimmt die Auffassung Foscas, dass nichts wichtig ist[82]. Im Zuge dessen wendet sie sich gerade gegen die Dinge, die ihr zuvor wichtig waren. Sie beendet ihre Karriere als Schauspielerin, wobei sie darauf am meisten Wert in ihrem Leben gelegt hat[83]. Ihr wird bewusst, dass gerade ihr schauspielerischer Ehrgeiz naiv und in gewisser Weise affektiert wie ein Theaterstück ist[84]. Sie stellt fest: „Ich bin eine Lüge."[85] Beide Motive werden miteinander verbunden, indem Regine schließlich „alle Lügen [mordet]"[86] und außerdem konstatiert, dass die Figur, die sie verkörpert, Rosalinde, tot ist. Mit ihr stirbt Regines Hoffnung und ihre Passion für das Theater. Nicht nur die Figur, die sie im Theater spielt, gibt

---

[69] Vgl. Beauvoir (1946).
[70] Vgl. Schott (2003), 230 f..
[71] Vgl. Schott (2003), 230.
[72] Vgl. ebd., 11, 15, 17, 25
[73] Vgl. ebd., 31.
[74] Vgl. ebd., 17, 44.
[75] Ebd., 217.
[76] Vgl. ebd., 43, 101, 114.
[77] Vgl. ebd., 23, 50.
[78] Vgl. ebd., 123 f., 29.
[79] Vgl. ebd., 110.
[80] Ebd., 219.
[81] Vgl. ebd., 25, 31.
[82] Vgl. ebd., 30, 260.
[83] Vgl. ebd., 44.
[84] Vgl. ebd., 25.
[85] Ebd., 63.
[86] Ebd., 63, Umstellung u. Anpassung: D.D..

Regine auf, sondern auch die Rolle, die sie in der Gesellschaft spielt, da beide ihr belanglos und aufgesetzt vorkommen[87]. Sie empfindet ihr Gesicht als Maske, ihre Figur als Manne-quin[88]. Die Toilette erscheint ihr als Narrenhaus[89], sie sich selbst als Narr. Ihr gesellschaftli-ches Handeln ist eine „Komödie"[90], „alles [...] nur ein Spiel: das Spiel der Existenz"[91]. Sie erfüllt nicht mehr die Erwartungen ihrer Mitmenschen[92], sondern schockiert diese absichtlich. Ebenso spielt der Aufbau des Romans als klassisches Drama, das heißt ein Schauspiel[93], auf das Motiv an. Auffällig sind zudem die Wiederholungen von Foscas Erlebnissen. Immer wieder löst eine bestimmte Person neue Hoffnung in ihm aus und immer wieder scheitert Fosca letztendlich. Nicht nur die Geschichten ähneln sich stark, sondern auch zentrale Sätze werden mehrmals im Werk wiederholt. Fosca bezieht sich in seiner Erzählung wiederholt auf andere Ereignisse in seinem Leben und verknüpft dadurch die einzelnen Geschichten mitein-nander zu einer Gesamtaussage. Zentral ist außerdem die Frage nach dem ‚Warum'. Als Fosca sich seiner Lage nach und nach bewusst wird, beginnt er vermehrt die Welt an sich in Frage zu stellen. Auch Regine sieht durch die Konfrontation mit Fosca plötzlich keinen Sinn mehr in ihren Handlungen, der Gesellschaft, dem Leben.

Der Roman beginnt im 20. Jahrhundert, also etwa zu Lebzeiten der Autorin. Regine ver-körpert das Klischeebild einer Frau, lebend in den Zwängen der Moderne.[94] Für sie zählt nur ihre eigene Karriere. Der gegenwärtige Leser kennt die Situation, denn sie ist der heutigen ähnlich. Nach dem Lesen des Prologs kann der Eindruck entstehen, Regine sei die Protago-nistin des Romans. Dann beginnt jedoch der Hauptteil, der ausschließlich von Foscas Le-bensgeschichte handelt. Mit Ausnahmen von kurzen Rückblicken auf die Situation, in der Fosca Regine jene Geschichte erzählt am Ende der Kapitel eins bis vier, taucht Regine nicht mehr auf. Fosca ist der Protagonist[95] und in dessen Leben, von dem der Roman handelt, spielt Regine eine vergleichsweise geringe Rolle. Mit dem Epilog jedoch wird der Bogen ge-spannt und die Handlung wieder auf den Beginn des Romans zurückgeführt. Der Leser wird erinnert, in welchem Kontext Fosca seine Geschichte erzählt. Diese schließt mit Regines Gegenwart, ihrem Auftauchen im Prolog. Dadurch ist der Roman ein in sich geschlossenes Gesamtwerk. Der Leser wird auf eine fiktive Reise durch die Geschichte mitgenommen, in der er mit Beauvoirs zentralen philosophischen Fragen konfrontiert wird. Er identifiziert sich insofern mit Regine, dass er wie sie mit Foscas Geschichte konfrontiert wird. Wie Regine langfristig darauf reagiert, bleibt offen. Ebenso wird dem Leser keine allgemeingültige Moral vorgegeben. Was er aus Foscas Geschichte mitnimmt liegt in seiner Hand.

Foscas Charakter entwickelt sich im Verlauf der Handlung. Als junger Mann unterscheidet er sich nicht grundlegend von seinen Mitmenschen. Er hat eine Familie und ist Fürst von Carmona. Wie seine Vorgänger fürchtet er den Tod[96]. Wie sie trägt er ein Panzerhemd und hat Leibwachen.[97] Er hat das Wohl und den Ruhm seiner Stadt zum Ziel und engagiert sich dafür[98]. Für diese Idee ist er bereit alles zu tun[99]. Ganz nach Beauvoirs Philosophie ist sich Fosca bewusst, dass er bei der Aufgabe, seinem Leben eine Bedeutung und dadurch Wert

---

[87] Vgl. ebd., 60.
[88] Vgl. ebd., 60.
[89] Vgl. ebd., 33.
[90] Ebd., 60.
[91] Ebd., 61, Auslassung: D.D..
[92] Vgl. ebd., 30, 32.
[93] Vgl. Drama. In Dudenredaktion (2017), 361.
[94] Hier sei angemerkt, dass der Charakter Regines häufig als ‚überspitzt' kritisiert wurde.
[95] Vgl. Bergoffen (2009), 117.
[96] Vgl. Beauvoir (1946), 80.
[97] Vgl. ebd., 69, 75 f..
[98] Vgl. Beauvoir (1946), 71 f..
[99] Vgl. Bergoffen (2009), 117.

zu geben, auch versagen kann. Wenn er zu früh stirbt, stirbt sein Projekt – Carmona zu Ruhm zu führen – mit ihm[100]. Er fürchtet die Machtlosigkeit, die der Tod bringt[101]. Von der Unsterblichkeit erhofft er sich genug Zeit zu haben, in seinem Leben etwas vollbringen zu können[102]. Ohne über ihre volle Bedeutung zu reflektieren trinkt er den Trank des Bettlers. Dieser ist weitblickender als er. Obwohl er wie Fosca den Tod fürchtet, weiß er, dass die Unsterblichkeit keine bessere Alternative ist.[103] „Ich fürchte mich vor dem Tode; aber in Ewigkeit leben, wie furchtbar lange ist das!"[104], begründet er diese Entscheidung. Foscas Angst vor dem Tode, das Verlangen das eigene Dasein zu rechtfertigen und der Wunsch nach Unsterblichkeit spiegeln das Innere der Autorin zu ihrer Jugendzeit wieder[105]. Als Foscas Frau, sein Sohn, sein Enkel und alle Freunde aus seinem sterblichen Leben versterben hat er keine Verantwortung mehr. Nichts bindet ihn und er „[untersteht] keiner ihrer [der Menschen; Einfügung: D.D.] Konventionen"[106]. Er hat nichts zu fürchten und kann daher handeln wie er möchte. In dem Sinne ist er frei und seine Macht ist absolut.[107] Gleichzeitig ist er allein.[108] Obwohl Fosca mehr und mehr gleichmütig den Geschehnissen in seiner Umgebung gegenüber wird[109], hat er nach wie vor ein Ziel: Carmona zu Ruhm verhelfen. Angetrieben wird er von Machtgier. In seinem Bestreben scheitert er jedoch jedes Mal aufs Neue. Daraus folgert er: „Man kann nichts ausrichten, wenn man nicht die ganze Welt beherrscht."[110] Unter Maximilian versucht er indirekt „Herr des Erdkreises"[111] zu werden, doch auch damit scheitert er immer wieder. Er schließt: „Ich hatte mich getäuscht [...]. Jetzt hatte ich vollends verstanden: Carmona war zu klein, Italien war zu klein, ein Universum gab es nicht."[112] An diesem Punkt gibt er sein Streben nach Macht auf. Im Sinne der existenzialistischen Auffassung erkennt Fosca, dass es keinen dauerhaften Fortschritt gibt[113]. Wie im einleitenden Zitat gezeigt, hält er das Leben an sich von diesem Punkt an für sinnlos. „Nichts hat jemals einen Zweck."[114] Über die Menschen denkt er: „Leben hieß für sie nur gerade nicht sterben. Nicht sterben 40 oder 50 Jahre lang, und dann schließlich doch sterben."[115] und fragt sich „Wozu sich erst noch abrackern?"[116] Menschen sind in Foscas Augen keine Individuen, sondern austauschbar[117]. Auch „ihr Tod bedeute[e] nichts"[118] für ihn und jemandes Leben zu retten ist nichts wert[119]. Im Zuge des von ihm vertretenen Nihilismus verliert er die Wertschätzung für die Welt[120]. Beispielsweise den Reichtum der Natur kann er nicht mehr erkennen, er sieht keine Individualität sowohl in Lebewesen als auch in unbelebten Dingen. Er äußert: „[D]ie Welt [ist] rund und einförmig: vier Jahreszeiten, sieben Farben,

[100] Vgl. ebd., 117.
[101] Vgl. Beauvoir (1946), 76.
[102] Vgl. ebd., 73.
[103] Vgl. Bergoffen (2009), 117.
[104] Beauvoir (1946), 81.
[105] Vgl. Beauvoir (1958), 135, 221, 255.
[106] Vgl. Beauvoir (1946), 226 f., Anpassung, Einfügung: D.D..
[107] Vgl. Bergoffen (2009), 118.
[108] Vgl. Beauvoir (1946), 95; Bergoffen (2009), 118.
[109] Vgl. Beauvoir (1946), 99.
[110] Ebd., 132.
[111] Ebd., 108.
[112] Ebd., 184, Auslassung: D.D..
[113] Vgl. ebd., 66, 247, 295.
[114] Ebd., 115.
[115] Ebd., 272.
[116] Ebd., 272.
[117] Vgl. ebd., 294.
[118] Ebd., 222, Anpassung: D.D..
[119] Vgl. ebd., 276.
[120] Vgl. ebd., 50.

ein einziger Himmel, Wasser, Pflanzen, ein platter oder in Katastrophen aufgewühlter Boden; stets das gleiche Einerlei."[121] Die Menschen betrachten die Erde mit Liebe, in Foscas Augen hingegen ist sie „ohne Anlitz und Stimme"[122]. Da er die Wertschätzung von Menschen verloren hat, kann er auch ihre Handlungen nicht mehr nachvollziehen. Er sagt: „Sie tun immer dasselbe."[123] Vor allem jene Handlungen, in denen sich ihre gegenseitige Wertschätzung ausdrückt, sind Fosca ein Rätsel. Zum Beispiel sieht er keinen Sinn darin, bei dem Tod von Nahestehenden anwesend zu sein[124]. Durch seine Entfremdung von den Menschen, kann er ihr Streben nicht verstehen[125]. Er hält es für lächerlich und sich selbst für erfahrener. Daher versucht er sie zu bevormunden. Er glaubt besser zu wissen, was für die Menschen in seiner Umgebung gut ist. Aus diesem Grund nimmt er Antonio, Beatrice, Carlier und Armand die Entscheidungen und macht sie dadurch unglücklich[126]. Simone de Beauvoir festigt anhand von Fosca ihren Standpunkt, dass es ein fundamentaler Fehler ist Menschen ihre Freiheit zu rauben, selbst wenn dies im Namen vermeintlich humanistischer Ziele geschieht[127]. Die Autorin zeigt durch Foscas Irrglauben, dass er den Menschen durch Unterdrückung Glück bringen könnte, das ‚unmenschliche Gesicht' des Humanismus auf[128]. Sie wendet sich nicht bloß konkret gegen Humanismus, sondern generell gegen jede Art von Ideologie, jedes System, das für sich Universalität beansprucht und den Menschen eine andere als die eigene Auffassung aufzwingt. Das Streben nach dem Absoluten ist Folge falscher Eitelkeit und realitätsfern. Simone de Beauvoir zeigt eine Einsicht, zu der sie selbst in ihrem Leben gelangen musste. In ihren Memoiren wird deutlich, dass sie in ihrer Kindheit und Jugend einen Drang zum Absoluten hatte.[129] Indem Fosca versucht die Zukunft zu „gestalten"[130], missachtet er ihr essenzielles Wesen als ungeformte Zeit der Erneuerung[131]. Da für Fosca nichts mehr Wert hat, rührt ihn auch nichts[132], er erlebt nichts[133]. Er wird zunehmend emotionslos, verliert jede Leidenschaft[134] und Lust[135] etwas zu tun. Das Leben langweilt ihn[136]. Mit der Unsterblichkeit hat auch die Zeit für Fosca ihren Wert verloren[137]. Für ihn ist sie unendlich. In Folge dessen gibt es keinen Grund für ihn, etwas zu einer bestimmten Zeit zu tun und ihm kommt die Moti-

[121] Ebd., 196, Anpassungen: D.D.; An anderer Stelle behauptet er: „[E]s gab nur eine geringe Menge von Landschaften, Farben, Geschmäckern, Gesichtern: es waren immer dieselben, die sich einfach sinnlos tausendfach wiederholten" (ebd., 217, Anpassung: D.D.).

[122] Ebd., 203.

[123] Ebd., 221; Die individuellen Lebensgeschichten der Menschen hält er für ein und dieselbe Geschichte, „die [er] so oft gehört [hat]" (ebd., 54, Anpassungen: D.D.).

[124] Vgl. ebd., 273.

[125] Vgl. ebd., 275.

[126] Vgl. ebd., 263.

[127] Fosca träumt von einer besseren Welt unter seiner Herrschaft: „Die Weisen des Jahrhunderts sagten, es sei die Zeit gekommen, wo die Menschen die Geheimnisse der Natur erkennen und sie beherrschen würden; dann würden sie beginnen, sich das Glück zu erobern. Ich dachte: Das wird mein Werk sein. Eines Tages muss ich die Welt in meinen Händen halten; dann wird keine Kraft mehr vergeudet, kein Reichtum verschwendet werden; ich werde die Zwietracht beenden, die unter den Völkern, den Rassen, den Religionen herrscht, ich werde ein Ende machen mit ungerechter Willkür. Ich werde über die Welt als guter Wirtschafter herrschen so wie vor Jahrhunderten über die Speicher von Carmona. Nichts wird den Launen der Menschen mehr anheimgestellt sein, nichts den Zufällen des Geschicks. Vernunft wird die Welt regieren: meine Vernunft." (ebd., 140).

[128] Bergoffen (2009), 118.

[129] Vgl. Beauvoir (1958).

[130] Vgl. Beauvoir (1946), 137.

[131] Vgl. Bergoffen (2009), 118.

[132] Vgl. Beauvoir (1946), 191, 222.

[133] Vgl. ebd., 231.

[134] Vgl. ebd., 229.

[135] Vgl. ebd., 229.

[136] Vgl. ebd., 19, 229, 240 f..

[137] Vgl. ebd., 242.

vation aktiv zu leben abhanden. Von sich aus weiß er nicht was er tun könnte[138]. Er hat keine Meinung[139] und kein Ziel[140]. Er verliert seine Charaktereigenschaften und schließlich seine Individualität und Identität. Fosca ist „weder gut noch schlecht, weder geizig noch generös"[141], weder ängstlich noch mutig[142]. Er selbst beschreibt sich wie folgt: „Ich lebe und habe kein Leben. Ich werde niemals sterben und habe doch keine Zukunft. Ich bin niemand. Ich habe keine Geschichte und habe kein Gesicht."[143] „[D]ies Leben, das sinnlos in [ihm] [weiterläuft], ist nicht [sein] Leben."[144] Fosca befindet sich in einem ‚Zwischenzustand'. Er selbst bezeichnet sich als „Schatten"[145]. Er ist weder tot noch lebendig. Einerseits ist er nicht mehr menschlich[146] und in dem Sinne seines Persönlichkeitsverlustes nicht mehr lebendig. Beatrice konfrontiert Fosca zum ersten Mal damit, indem sie zu ihm sagt: „Ihr seid kein Mensch [...]. Ihr seid ein Toter."[147] Auch Regine merkt sofort, dass Fosca lebt, „als wenn [er] ein Toter [wäre]"[148]. Andererseits existiert er weiter und kann nicht sterben. Er nimmt wahr und gleichzeitig kann er nicht persönlich aufnehmen. Er sehnt sich nach einem endlosen Schlaf, doch immer wieder wird er geweckt und muss aufs Neue erwachen[149]. Einerseits ist er allein, andererseits kann er den Kontakt zu Menschen nicht vermeiden.[150] Seine Schlafphasen ähneln dem Tod und indem er sich nach einem endlosen Schlaf sehnt, sehnt er sich nach dem Tode, der ihm verwehrt ist. Er wünscht sich zu einer Gruppe dazuzugehören. Er hat große Lust „Stein unter Steinen zu werden"[151] oder aber „Mensch unter Menschen"[152], wie Marianne es von ihm fordert[153]. Doch weder Ersteres noch Letzteres[154] kann er sein. Obwohl er kein Mitglied der Gruppe der Menschen ist, ist er doch „eingeschlossen in eine Menschenwelt"[155]. Fosca ist kein Mensch einer bestimmten Zeit, da die Zeit für ihn ihre Rolle verloren hat[156]. Als er zu einer anderen Zeit neben einer anderen Frau steht und darüber nachdenkt, wie Marianne an ihrer Stelle gehandelt hätte, kommt er zu dem Schluss, dass sie nicht hätte an ihrer Stelle handeln können, da sie sonst „hätte aufhören müssen, sie selber zu sein"[157]. Die Zugehörigkeit zu einem bestimmten Lebenskontext macht einen Menschen aus. Auch auf dieser Ebene besitzt Fosca keine Identität. Er gehört nirgendwo dazu, weder zu einer bestimmten Epoche oder Gesellschaft, noch zu einem bestimmten sozialen Gefüge wie einer Familie. All diese bindenden und Halt gebenden Konstrukte wird Fosca nach einiger Zeit wieder verlieren. Sie verlieren ihre Bedeutung, da immer wieder neue Menschen in Foscas Leben tre-

---

[138] Vgl. ebd., 259.
[139] Vgl. ebd., 276.
[140] Vgl. ebd., 19, 193; Fosca hat zudem „keine Ehre zu verteidigen" (ebd., 226).
[141] Ebd., 238.
[142] Vgl. ebd., 229.
[143] Ebd., 29; vgl. ebd., 195.
[144] Ebd., 228, Anpassungen: D.D..
[145] Ebd., 243.
[146] Vgl. ebd., 241.
[147] Ebd., 120, Auslassung: D.D..
[148] Ebd., 19, Anpassungen: D.D.; vgl. ebd., 27.
[149] Vgl. ebd., 21, 129.
[150] Vgl. ebd., 29: „Wenn man wenigstens wirklich ein absolutes Nichts sein könnte! Aber es gibt immer wieder andere Menschen auf Erden, die einen sehen. Sie sprechen, und man muß sie hören, man muß ihnen Antwort geben, man muß wieder zu leben beginnen, wenn man auch weiß, daß man nicht existiert. Und das hört niemals auf.".
[151] Ebd., 272.
[152] Ebd., 257.
[153] Vgl. ebd., 238.
[154] Vgl. ebd., 120.
[155] Ebd., 255.
[156] Vgl. ebd., 219, 228.
[157] Ebd., 305.

ten werden. Daher kann er sich nicht emotional auf sie einlassen und kann auch den Menschen in seiner Umgebung nichts geben als „Flitterwerk"[158]. Selbst wenn er das möchte, hat er mit seiner Sterblichkeit die Möglichkeit seinen Handlungen Wert zu geben verloren, da er nichts riskieren kann[159]. Beatrice erklärt Foscas Zustand anhand eines Vergleichs zu seinem Sohn:

Wenn Antonio in einen See sprang, wenn er als erster angriff, so bewunderte ich ihn, weil er sein Leben wagte; aber was ist bei dir [Fosca; Einfügung: D.D.] denn Mut? Ich liebte seine Großherzigkeit: du gibst, ohne deine Schätze zu zählen, deine Zeit zu berechnen, deine Mühen zu wägen, aber du verfügst ja über Millionen Leben, und was du opferst, bleibt immer nichts. Ich liebte auch seinen stolzen Sinn; ein Mensch wie alle anderen, der sich entschließt, er selbst zu sein, das ist etwas Schönes; du bist ein Ausnahmewesen [...].[160]

Fosca fühlt sich „nirgends zu Hause"[161].[162] Er ist „ein Fremder"[163]. Durch diesen Sonderzustand, der sein Wesen ausmacht und den er mit keinem anderen Menschen teilt, ist er vollkommen isoliert[164] und einsam[165], „verloren [...] in der Ewigkeit"[166]. Der Begriff der ‚Existenz' wird in dem Werk wiederholt verwendet[167]. In ‚Alle Menschen sind sterblich' wird eine idealistische Auffassung von ‚Existenz' ausgedrückt. „Dinge scheinen darauf zu warten, daß jemand sie anschaute, um vollkommen wirklich zu werden."[168] Wenn man liebt, kann man leiden und ist verletzlich und somit menschlich[169]. Fosca lebt auf, indem er sich für Antonio, Marianne, Armand und Regine interessiert. Er kann teilweise ihre Sicht auf die Welt übernehmen[170]. Wenn er mit Marianne zusammen ist, kann er den Schnee lieben, weil sie ihn liebt[171]. Von sich aus kann er jedoch nichts lieben. Er lässt sich auf Regine ein, da sie ihn „vor der Gleichgültigkeit [rettet]"[172] und wieder zum aktiven Handeln und dadurch zum ‚Existieren' bringt, weil er für sie ‚da ist'[173]. Mit Carlier macht er die Erfahrung, dass das eigene Leben nur von Bedeutung ist, wenn man für andere da ist[174]. Man ‚existiert', indem man von anderen wahrgenommen wird[175]. Anhand von Armand erkennt er, dass zwischenmenschlicher Austausch einen Grund und die Kraft zu leben gibt[176]. ‚Kraft zu leben' meint, wie Garnier es beschreibt, die Sicherheit die aus dieser sozialen Kommunikation hervorgeht. Trotz Foscas Resignation der Welt gegenüber, könnte er ohne Hoffnung leben, sofern ihm dieser Kontakt möglich wäre.[177] Von Antonio, Beatrice, Carlier, Marianne, Garnier, Laure und vor allem Armand lernt er, wie Menschen ihrem Leben Wert geben können. Er beginnt zu begrei-

---

[158] Ebd., 123.
[159] Vgl. ebd., 253 f., 307.
[160] Ebd., 125 f., Einfügung, Auslassung: D.D..
[161] Ebd., 228.
[162] Vgl. ebd., 219.
[163] Ebd., 119; vgl. ebd., 126.
[164] Vgl. ebd., 247.
[165] Vgl. ebd., 53, 121, 210.
[166] Ebd., 192, Auslassung: D.D..
[167] Vgl. ebd., 13, 16, 57, 59 f., 62, 116, 252.
[168] Ebd., 40.
[169] Vgl. ebd., 241, 29, 56.
[170] Vgl. ebd., 243.
[171] Vgl. ebd., 244.
[172] Ebd., 35, Umstellung, Anpassung: D.D..
[173] Vgl. ebd., 59.
[174] Vgl. ebd., 195.
[175] Vgl. ebd., 24, 59.
[176] Vgl. ebd., 276, 307; Dieser Austausch von Emotionen ist was Menschen ausmacht. Beauvoir schreibt: „[E]s gab auf Erden Hoffnungen, Trauer, es gab Liebe und Haß. Und am Ende gab es den Tod, aber sie hatten gelebt. Nicht [...] Steine – Menschen waren sie." (ebd., 272, Anpassung, Auslassung: D.D.).
[177] Vgl. ebd., 283.

fen, dass und weshalb Menschen Individuen sind[178]. Nach jeder Begegnung eröffnet sich ihm diese Erkenntnis mehr. Dennoch hilft sie ihm nicht, aus seiner Situation und seinen Verhaltensmustern auszubrechen. Obwohl er zunehmend die Realität seiner Existenz zu verstehen scheint und bereits Beatrice gegenüber äußert: „Jetzt begreife ich."[179], unterläuft ihm der gleiche Fehler erneut, indem er Carlier und Armand bevormundet[180]. Erst gegen Ende seiner Geschichte kann er seine wachsende Erkenntnis in die Tat umsetzen und reflektiert, dass er auch wenn er die Meinung anderer Menschen nicht teilt, nicht an ihrer Stelle entscheiden darf, da er nicht wissen kann, „was sie für sich selbst als gut oder schlecht empfinden"[181]. Er wird sich selbst dessen bewusst, dass sein Leben im Gegensatz zu dem der ihn umgebenden Menschen keinen Wert hat und er dadurch niemandem Wert verleihen kann[182]. Er sieht ein, dass er ein liebevolles Verhältnis zu keinem anderen Menschen eingehen kann, da er sich ihm nicht ganz ‚geben' kann[183]. Jeder Mensch, dem er sich vollkommen widmen möchte, wird nur Teil einer Reihe jener Menschen und *kann* keine besondere Stellung in seinem Leben erlangen[184]. Seine Erinnerung und die Tatsache, dass er sich dessen bewusst ist, bewirken, dass er nicht mehr lieben kann[185]. Die Hoffnung, die durch die Begegnung mit Regine in ihm aufkeimt, erlischt schnell wieder. Gerade dieses immer wieder neue Erwachen und sich immer wiederholende Aufkeimen von Hoffnung und immer schnellere Resignieren machen Foscas Schicksal tragisch. Sein Fall stützt Simone de Beauvoirs These, dass der Mensch nur zum Subjekt werden kann, indem die Bedeutung seiner Projekte von anderen Subjekten wahrgenommen wird. Foscas Projekte haben keine Bedeutung, da er nicht in der Lage ist ihnen persönlichen Wert zu verleihen. Zwischen Fosca und den Menschen liegen unüberbrückbare Wesensunterschiede. Daher ist Fosca kein Subjekt. Den Zwischenzustand, in dem sich Fosca befindet, die daraus resultierende Langeweile, Isolation und Identitätslosigkeit stellt Beauvoir als das größtmögliche Leiden dar[186]. Fosca ist „Sklave des Lebens"[187] und sieht es als „große Beruhigung [...], wenn man weiß, man kann aufhören zu leben, sobald man will"[188] und dadurch „frei sein von aller Last"[189].[190] Unsterblichkeit ist ein „Fluch"[191], die Sterblichkeit ein Segen.

Die Figur Foscas ist ein Negativbeispiel. Armands Figur hingegen zeigt, auch wenn es ein Charakter ist, der quantitativ keine besondere Rolle in dem Roman spielt, als Positivbeispiel welches Leben erstrebenswert ist. Er spiegelt in besonderer Weise die Werte und Aussagen wieder, die die Autorin vermitteln will und ist demgemäß das Gegenstück zu Fosca. Im Ge-

---

[178] Vgl. ebd., 269.
[179] Ebd., 126.
[180] Vgl. ebd., 127.
[181] Ebd., 285; vgl. ebd., 57, 272, 286.
[182] Vgl. ebd., 126.
[183] Als er mit Laures Liebe konfrontiert wird, weist er diese ab und reflektiert: „Man konnte ihnen [den Menschen; Einfügung: D.D.] nichts geben. Man konnte nichts wollen für sie, wenn man von ihnen nichts für sich selber wollte. Man hätte sie lieben müssen, doch ich liebte sie nicht." (ebd., 302, Einfügung: D.D.).
[184] Im Gegensatz zu Regine erkennt Roger (Regines ehemaliger Partner) diese Tatsache direkt und versucht Regine zu warnen, durch Foscas Liebe würde Regine lediglich „unter seinen Erinnerungen aufgespießt sein wie ein Schmetterling in einer Sammlung" (ebd., 41), jedoch nichts Besonderes. Daher „ist [es] besser, von einem Sterblichen geliebt zu werden, der nur dich liebt" (ebd., 41, Umstellung: D.D.). Auch Marianne ist, als sie von Foscas Unsterblichkeit erfährt, dieser Meinung (vgl. ebd., 253 f.). Beatrice äußert: „Ich ertrage es nicht, von Händen gestreichelt zu werden, die niemals verwesen werden. Es ist wie eine Demütigung" (ebd., 16).
[185] Vgl. ebd., 29.
[186] Vgl. den fiktiven Fall Elina Makropulos (Williams (2001), 262, 285).
[187] Beauvoir (1946), 259.
[188] Ebd., 211, Auslassung: D.D..
[189] Ebd., 272.
[190] Vgl. Williams (2001), 293.
[191] Beauvoir (1946), 29, 53; vgl. ebd., 224, 269.

15

gensatz zu Regine ist er sich seiner Endlichkeit bewusst und hat diese akzeptiert[192]. „Alles, was man tut, vergeht eines Tages wieder, ich weiß. Und von der Stunde an, wo man geboren wird, fängt man schon an zu sterben. Aber zwischen Geburt und Tod liegt doch eben das Leben."[193], erwidert er Fosca. Er ist in sich gefestigt und sich seiner Lebensaufgabe sicher. Daher schockiert die Konfrontation mit Foscas Unsterblichkeit ihn nicht. Außerdem gibt es Armand zufolge keine allgemeinen höheren Ziele, die für alle Menschen gelten. Jeder kann individuell seine Ziele setzen wie er möchte. Wichtiger als die teleologische Orientierung in eine bestimmte Richtung ist es laut Armand die Menschen zu befreien.[194] Beauvoir argumentiert durch ihn gegen die utilitaristische Position, dass Handlungen zweckgerichtet sein sollen. Es ist nicht möglich zu garantieren, dass unsere Handlungen die beabsichtigten Folgen haben werden[195]. Stattdessen müssen Handlungen um ihrer selbst willen vollführt werden. Sie müssen sich selbst rechtfertigen. Wenn sie an sich gut und wertvoll sind, kann keine mögliche Zukunft daran etwas ändern. Fosca erinnert sich in vielen Situationen an die Worte eines Mönches, der sagte: „Es gibt nur ein einziges Gut: nach seinem Gewissen zu handeln."[196] „Es war weder Hochmut noch Narrheit [...]. Sie waren Menschen, die ihr Menschengeschick erfüllen wollten, indem sie sich ihr Leben und ihren Tod selber wählten, sie waren freie Menschen."[197], sieht er nach einer Zeit ein. Wichtig ist es in allem was man tut sich selbst treu zu bleiben[198], selbst wenn man dafür sterben muss[199]. Das eigene Leben riskieren zu können ist Bedingung für die Freiheit. Fosca sieht dies zu Beginn nicht. Aus seiner nihilistischen Haltung heraus denkt er, der Mensch habe keinerlei Handlungsfreiheit: „Das einzige Mittel... wir haben keine Wahl... man konnte nichts anderes tun... Durch die Jahre, die Jahrhunderte hindurch rollte der Automatismus ab; man mußte sehr beschränkt sein, um sich einzubilden, daß ein menschlicher Wille an diesem Ablauf etwas ändern könnte."[200] Als Armand und seine Gefährten in der Französischen Revolution kämpfen, wird Fosca klar: „Sie gaben ihr Leben her, damit es ein menschenwürdiges Leben wäre - [...] nicht Steinblöcke, wir werden uns nicht in Steine verwandeln lassen"[201]. Gemäß der Philosophie Beauvoirs weiß Armand, genau wie Laure[202], dass das eigene „Geschick"[203] grundlegend mit der „Sache der man dient"[204] verbunden ist. Ein erfülltes Leben erlangt man durch den Kampf[205] für eigene konkrete Projekte. Er erstrebt nichts Absolutes, sondern will „ganz bestimmte Dinge an Stelle anderer Dinge; und [er] will sie heute"[206]. „Man muß in der Gegenwart leben", bekundet er. An anderer Stelle erklärt Garnier: „Wir dürfen nicht darauf warten, daß die Zukunft unseren Handlungen einen Sinn gibt; sonst wäre kein Handeln möglich. Wir müssen unseren Kampf führen, so wie wir es uns vorgenommen haben, weiter nichts."[207] Auf Foscas Feststellung, dass in der Geschichte der Menschheit im Gesamten kein Fortschritt erreicht wird und ein Übel durch das andere ersetzt wird, entgegnet Armand, dass er weiß, dass die Zukunft

---

[192] Vgl. ebd., 267.
[193] Ebd., 297.
[194] Vgl. ebd., 289.
[195] Vgl. Bergoffen (2009), 117.
[196] Beauvoir (1946), 186; vgl. ebd., 167.
[197] Ebd., 186, Auslassung: D.D..
[198] Vgl. ebd., 171.
[199] Vgl. ebd., 208; Auch Antonio gibt sein „Leben her, damit es ein menschenwürdiges Leben wäre" (ebd., 278).
[200] Ebd., 171.
[201] Ebd., 278, Auslassung: D.D.; vgl. ebd., 307.
[202] Vgl. ebd., 299.
[203] Ebd., 287.
[204] Ebd., 287.
[205] Vgl. ebd.,
[206] Ebd., 297, Anpassung: D.D..
[207] Ebd., 283.

kein Paradies wird. „Was wir als Paradies beschreiben", sagt er, „ist der Augenblick, wo die Erwartungen, die wir jetzt hegen, einmal erfüllt sein werden. Wir wissen wohl, die Menschen werden dann neue Forderungen erheben"[208]. „Morgen werden wir von neuem kämpfen müssen [...] Aber heute sind wir Sieger."[209] Ebenso wie Armand können Antonio und Carlier die Aufgaben, die sie sich selbst stellen, in die Tat umsetzen. Antonio „starb, nachdem er getan, was er sich vorgenommen, er blieb ein siegreicher Held in alle Ewigkeit."[210] Die Auffassung Armands zeigt die Moral, die Beauvoir aus ihren nihilistischen Grundgedanken zieht. Sich verewigen zu wollen ist eitel und illusorisch, da alles vergänglich ist. Wert entsteht in dem Moment. Die konkreten Projekte, die sich mit den Problemen dieser Zeit befassen, verlieren dadurch, dass ihr Erfolg vergeht nicht an Wert. Ein Augenblick des Glücks, das Lächeln eines Kindes, ist gut und wertvoll und das auch noch wenn er vorüber ist. Dass er vorüber ist, ändert nichts an dessen Qualität. Wie Foscas Fall anschaulich zeigt, ist es im Gegenteil die Vergänglichkeit, die Voraussetzung dafür ist, dass unsere Handlungen überhaupt Wert haben *können*. Auf der vorletzten Seite seiner Lebensgeschichte, gelangt auch er zu dieser Einschätzung. „Heute.", sagt er, „Für sie hatte dies Wort einen Sinn."[211]

Regines Charakter in der Ausgangsposition spiegelt in vielen Ansätzen den der Autorin in ihren Jugendjahren wieder. Sie ist sehr ehrgeizig und leidenschaftlich darum bemüht, sich selbst ihren Wert zu beweisen[212]. Wie Beauvoir hat Regine einen „Hang zum Absoluten"[213]. Sie ist „dazu geschaffen, an Gott zu glauben und ins Kloster zu gehen"[214]. Regine „hatte [in ihrer Kindheit] Kirchen geliebt"[215]. Auch Simone war als Kind tief gläubig[216] und wollte Nonne werden[217]. Als Regine von Foscas Unsterblichkeit erfährt sieht sie sich mit ihrer eigenen Endlichkeit konfrontiert und verzweifelt daran. Sie unterliegt dem Irrglauben Fosca sei beneidenswert[218] und hat die Hoffnung, sich selbst durch Foscas Erinnerungen verewigen zu können[219]. Nachdem sie seine Geschichte hört, gibt sie diese Hoffnung auf. Dennoch erkennt sie bis zum Schluss nicht, was Fosca erkannt hat: dass Endlichkeit eine Bedingung für Wert ist. Sie sieht keinen Ausweg und hat keine Hoffnung[220]. Wie Regine ihr Leben weiterführt bleibt offen. Ebenso bleibt offen, ob der Leser wie Regine reagiert, indem er sich von der pessimistischen Stimmung des Romans mitreißen lässt, oder die Botschaft dahinter versteht.

3 Schlussbemerkungen

‚Alle Menschen sind sterblich' behandelt nur die Variante von Unsterblichkeit, in welcher ein Mensch als einziger unter sterblichen Menschen auf der uns bekannten Erde unsterblich ist. Es sind andere Optionen denkbar, beispielsweise von Wiedergeburt mit Erinnerungen oder Neugeburt ohne ein Erinnerungsvermögen an das vorherige Leben oder ein abstraktes Weiterleben aller Seelen nach dem Tode. In allen möglichen Variationen bleiben jedoch die

---

[208] Ebd., 296.
[209] Ebd., 306, Auslassung: D.D..
[210] Ebd., 121.
[211] Ebd., 306.
[212] Vgl. ebd., 10, 16, 54; vgl. Beauvoir (1958), 135..
[213] Beauvoir (1946), 61.
[214] Ebd., 61.
[215] Ebd., 15, Umstellung. D.D..
[216] Vgl. Beauvoir (1958), 70 f., 127.
[217] Vgl. ebd., 72.
[218] Vgl. ebd., 28, 31.
[219] Vgl. ebd., 33, 35, 37, 39, 41.
[220] Vgl. ebd., 312.

Grundprobleme der Langeweile und des Identitätsverlusts bestehen.[221] Das liegt unter anderem an zwei Tatsachen, die in ‚Alle Menschen sind sterblich‘ nur angedeutet werden:

1. Ohne Ende kann es kein Ziel geben[222].
2. Unendlichkeit impliziert, dass alle Möglichkeiten wie die Welt sein kann und daher auch wie man handeln kann, sich früher oder später erfüllen müssen. Jedes Lebewesen, das ewig lebt, wird zwangsläufig alles tun. Dadurch hat es keine Willensfreiheit und keine Identität. Ein Unsterblicher ist alle Charaktere und gleichzeitig keiner, aber niemals nur er selbst[223].

Die Grundaussage des Werkes ist, dass die conditio humana nicht darin besteht um jeden Preis glücklich zu sein, sondern in dem   menschlichen Streben für ein eigenes konkretes Projekt. Sinngebung findet im Moment statt. Voraussetzung dafür ist die Freiheit, das eigene Leben riskieren zu können. Die eingangs erläuterte Ambiguität wird darin deutlich, dass man sich einerseits vor dem Tod fürchten kann[224] und er insofern ein Übel, aber andererseits die Bedingung für Freiheit und Individualität und insofern ein Segen ist.[225]

[221] Vgl. Williams (2001), 279-283, 286-289.
[222] Vgl. Beauvoir (1946), 121.
[223] Vgl. ebd., 53, 125 f..
[224] Vgl. ebd., 76.
[225] Vgl. Williams (2001), 260 f..

4. Anhang

4.1 Tertiärliteratur

P. Prechtl, F. Burkard (Hg.), Metzler Lexikon Philosophie, 3. Auflage, Stuttgart, Weimar 2008.

Dudenredaktion: Dr. K. Kunkel-Razum (Hg.), Duden, Das Bedeutungswörterbuch, Bd. 10, 3. Auflage, Mannheim 2002.

Dudenredaktion: Dr. K. Kunkel-Razum, Prof. Dr. P. Gallmann, M. Kunkel, Dr. F. Münzberg, Dr. R. Osterwinter, C. Pellengahr, Dr. I. Pescheck, H. Schickl, C. Stang, A. Zimmermann (Hg.), Duden, Die deutsche Rechtschreibung, Bd. 1, 27. Auflage, Berlin 2017.

4.2 Sekundärliteratur

B. S. Andrew, Beauvoir's place in philosophical thougt, in: C. Card (Hg.), The Cambridge Companion to Simone de Beauvoir, Cambridge 2003, 24 – 43.

B. Williams, Die Sache Makropulos: Reflexionen über die Langeweile der Unsterblichkeit, in: ebd., Probleme der Selbst, Stuttgart 2001, 259 – 293.

D. Bergoffen, Beauvoir at 100, Finitude and Justice: Simone de Beauvoir's All Men Are Mortal, in: Philosophy today: an international journey of contemporary philosophy, Bd. 53, Chicago 2009, 116 – 120.

G. Danzer, J. Rattner, Existenzphilosophie – Denkmode oder bleibende Aktualität?, Würzburg 2008.

M. Quante, Personal identity between survival and integrity, in: Poiesis & Praxis, International Journal of Ethics of Science and Technology Assessment, Köln 2005, 145 – 161.

M. Sirridge, Philosophy in Beauvoir's fiction, in: C. Card (Hg.), The Cambridge Companion to Simone de Beauvoir, Cambridge 2003, 129 – 147.

R. M. Schott, Beauvoir on the ambiguity of evil, in: C. Card (Hg.), The Cambridge Companion to Simone de Beauvoir, Cambridge 2003, 228 – 245.

4.3 Primärliteratur

S. de Beauvoir, Alle Menschen sind sterblich, E. Rechel-Mertens (Übersetzerin), Reinbek bei Hamburg, Paris 1946.

S. de Beauvoir, Memoiren einer Tochter aus gutem Hause, E. Rechel-Mertens (Übersetzerin), Reinbek bei Hamburg, Paris 1958.

Ingram Content Group UK Ltd.
Milton Keynes UK
UKHW011615210623
423807UK00004B/177

9 783668 735996